AF637833

Kummer und Wut, Angst und Mut –

Connis Gefühle sind richtig und gut

Liane Schneider · Janina Görrissen

CARLSEN

Conni-Bücher gibt es überall im Buchhandel
und auf **carlsen.de**

Mit Fragen zur Produktsicherheit wenden Sie sich bitte an: carlsen.de/kontakt
Wir behalten uns die Nutzung unserer Inhalte für Text- und
Data-Mining im Sinne von § 44b UrhG ausdrücklich vor.
Carlsen Verlag GmbH
Völckersstraße 14–20, 22765 Hamburg 2023
Text: Liane Schneider
Illustrationen: Janina Görrissen in Zusammenarbeit mit Marc Rueda
Originalillustratorin der Conni-Bilderbücher: Eva Wenzel-Bürger
Umschlaggrafik und Typografie: Sabine Reddig
Satz und Gestaltung des Innenteils: Karin Kröll
Lektorat: Marlen Bialek
ISBN 978-3-551-52145-3

PRODUZIERT MIT VERANTWORTUNG

MIX
Papier | Fördert gute Waldnutzung
FSC® C002795

Mehr über Conni findest du unter
conni.de.

Inhaltsverzeichnis

Conni ist wütend

„Mein Bild ist fertig. Ich geh spielen!", ruft Julia und springt vom Maltisch im Kindergarten auf. Dabei stößt sie Connis halb volles Wasserglas um. Connis schönes Bild ist nun verwischt. Conni ist sauer. Aber Julia hat das ja nicht mit Absicht gemacht. Sie ist selber ganz erschrocken.
Hanne tupft Tisch und Bild trocken. Sie meint, dass das Bild jetzt wie eine geheimnisvolle Unterwasserlandschaft aussieht. Doch Conni mag trotzdem nicht mehr weitermalen. Sie will lieber in die Forscherecke gehen.

Doch die ist leider schon besetzt. Dabei hätte Conni so gerne die Experimente mit den neuen Magneten gemacht! Conni und Julia verkrümeln sich erst mal in die Bauecke. Gemeinsam wollen sie den höchsten Turm der Welt bauen.

Zweimal kracht er zusammen, aber dann klappt es gut. Sie haben herausgefunden, dass man den Turm unten breiter machen muss. Erst oben darf er schmaler werden.

Jetzt ist er schon fast so groß wie Conni.

Plötzlich rennt Emir durch den Raum und stößt gegen den Turm.
Der fällt polternd um.
„**Pass doch auf!**", schreit Conni und funkelt Emir böse an.
„Entschuldigung", sagt Emir.
Es war keine Absicht. Emir ist nur vor Son weggerannt,
der gerade ein wilder Tiger ist.
Die beiden Jungs wollen Conni und Julia helfen, den Turm
wieder aufzubauen. Aber jetzt hat Conni keine Lust mehr.

Verärgert stapft sie in den Flur und will rauslaufen. Draußen regnet es. Conni muss ihre Gummistiefel anziehen. Der eine steht in ihrem Fach. Doch wo ist der zweite? Conni sucht und sucht. Der Stiefel ist nicht da.

Heute geht aber auch alles schief!

Zum Glück kommt Hanne vorbei. Sie tröstet Conni und liest allen, die Lust darauf haben, eine Regengeschichte vor.

2

Als Mama Conni abholt, hat der Regen schon wieder aufgehört. Wie schön! Dann können sie am Nachmittag in den Tierpark gehen! Doch Mama will nicht. Sie hat heute viel zu tun. Und die Schornsteinfegerin will auch noch kommen. Da muss jemand zu Hause sein, um ihr die Tür zu öffnen.
Conni ist sauer. Sie kickt einen Stein weg und trödelt extra langsam hinter Mama her.
„Komm jetzt!“, ruft Mama. Sie hat es eilig.
Conni nicht. Wenn sie doch sowieso nicht in den Tierpark gehen!

Zu Hause klingelt bald eine nette Schornsteinfegerin an der Tür. Sie misst die Abgaswerte der Heizungsanlage mit einem brummenden Gerät und tupft Conni einen schwarzen Punkt auf die Nase. Der soll Glück bringen.

Als sie weg ist, versucht Conni deshalb noch einmal, Mama zum Besuch des Tierparks zu überreden. Doch Mama bleibt bei ihrem Nein.
„Aber du hast es gestern versprochen!", ruft Conni empört. Versprechen muss man halten!
„Ich habe nicht gesagt, dass wir heute gehen", meint Mama.
Und hatte Conni nicht auch versprochen, ihr Zimmer aufzuräumen? Da liegt aber immer noch alles herum.

Wütend rennt Conni weg und knallt die Tür ihres Zimmers zu.
Ja, es liegt wirklich viel herum: Bücher, Papier, Stifte, die kleinen Ponys, Stofftiere, Bauklötze und Sachen aus dem Kaufmannsladen. Daraus hat Conni Zäune für Gehege gebaut. Sie hat gestern nämlich Tierpark gespielt und keine Lust zum Aufräumen gehabt.
Seufzend stellt Conni ein Stofftier ins Regal. Aber gleich purzelt dafür ein anderes herunter. Das Regal ist viel zu voll! Der Schrank auch.

Und in der Spielzeugkiste ist sowieso alles durcheinander. Conni beschließt, erst mal alles leer zu räumen und es dann wieder schön hinzustellen. Bald türmen sich kleine Berge auf dem Fußboden. Statt aufgeräumt sieht das Zimmer jetzt noch viel unordentlicher aus. Wie soll Conni das nur jemals wieder hinbekommen?

In diesem Moment kommt Papa herein.
„Was machst du denn hier?“, fragt er erstaunt.
„Aufräumen!", schreit Conni. „Lass mich in Ruhe!"
Papa fragt, ob Conni dabei vielleicht seine Tube Kleber gefunden hat, und tritt einen Schritt vor. Genau auf das kleine Holzpony.
Knacks! Ein Bein ist ab.
Das ist zu viel! Das schöne Pony! Jetzt reicht es! In Conni brodelt es. Ihr wird ganz heiß und ihr Kopf knallrot. Sie ist plötzlich so voll Wut wie ein dick aufgeblasener Luftballon.

„**Blöder Papa!**", schreit sie und trommelt gegen seinen Bauch. Sie ist so wütend auf Papa und Mama, auf die ganze Welt und sogar auf sich selbst!

„Stopp!", sagt Papa und hält ihre Hände fest.

Conni strampelt und zappelt.

Dann wirft sie sich auf ihr Bett und verhaut brüllend und weinend ihr Kissen, so doll sie kann.
Mama guckt erschrocken zur Tür herein. Jakob fängt an zu weinen. Papa geht mit ihm in die Küche und Mau schleicht schnell hinterher.

„Du bist wütend“, sagt Mama und setzt sich zu Conni aufs Bett. „Das ist in Ordnung. Lass die Wut ruhig raus.“ Sie streicht Conni über den Rücken und ganz allmählich wird Conni ruhiger. Bald weint sie nur noch ganz leise. Die Wut ist verschwunden. Mama nimmt Conni in den Arm.

„Die Pizza ist fertig!“, ruft Papa aus der Küche.
„Komm, jetzt essen wir erst mal“, sagt Mama.
Vorher will Conni sich aber waschen. Das kalte Wasser im Gesicht tut gut.

Beim Essen erzählt Conni, dass es eben ganz komisch war. „Ich war so wütend, dass ich gar nicht mehr richtig Conni war. **Nur noch ein Wutmonster!"** Jetzt tut es ihr leid, dass sie so rumgebrüllt und sogar auf Papas Bauch getrommelt hat. Zerknirscht entschuldigt sie sich. Eigentlich hat Conni Papa doch lieb.

Papa nimmt sie in den Arm und sagt, dass es ihm auch leidtut, dass er auf das Pony getreten ist. Er hat das Bein aber schon wieder festgeklebt.

Mama erzählt, dass sie das Wutmonster auch kennt. Wenn Mama jetzt sauer ist, atmet sie einfach ganz tief durch und zählt langsam bis zehn. Meist reicht das schon, um wieder ruhig zu werden. Papa sagt, dass er im Garten arbeitet oder Rad fährt, wenn er Wut und Ärger abbauen will.

„Hüpfen oder ganz hoch schaukeln hilft auch“, fällt Conni ein. „Und Jakob schreit und strampelt, wenn er wütend ist, weil er sein Fläschchen nicht schnell genug bekommt.“
Selbst Mau faucht, wenn er sauer ist, weil man ihm etwas wegnehmen will.

Nach dem Essen ist Conni ziemlich müde. Wütend sein ist anstrengend. Zimmer aufräumen auch. Conni geht heute früh schlafen und Mama verspricht, Conni morgen beim Aufräumen zu helfen. Für einen allein ist das wirklich eine zu große Aufgabe.

Als Conni am nächsten Tag aus dem Kindergarten kommt, hat Mama drei große Kartons besorgt. Auf einem ist ein roter Punkt. Hier kommt alles hinein, was Conni im Zimmer behalten will.
Der grüne Punkt bedeutet: Wir heben es für Jakob auf. Und der gelbe Punkt heißt: Wir verschenken es oder verkaufen es auf dem Flohmarkt. Dazu gibt es noch einen großen Müllsack für alles, was unbrauchbar oder kaputt ist.

Erst ist das Sortieren wirklich schwierig. Conni kann sich nicht durchringen, Jakob etwas zu geben. Doch als Mama Musik anmacht und den Karton mit dem grünen Punkt umbenennt in „Woanders als in Connis Zimmer aufheben", geht es ganz leicht.

Conni macht sogar alleine weiter, wenn Mama sich zwischendurch um Jakob kümmern muss. Bald ist der Fußboden leer geräumt. Gemeinsam tragen sie zwei Kartons und den Müllsack in den Keller. Dann machen sie erst mal eine kleine Pause mit Saft und Keksen.
Aus dem dritten Karton kann Conni nun alles wieder in ihr Regal, den Kaufmannsladen und die Spielkiste einsortieren. Mama hilft dabei. Zum Schluss will Conni noch ganz alleine Staub saugen.

Das Zimmer sieht jetzt viel hübscher aus als vorher. Stolz möchte Conni es Papa zeigen, als der nach Hause kommt. Doch Papa hat heute schlechte Laune. Das Auto muss in die Werkstatt. Jemand hat das Rücklicht beschädigt und ist dann einfach weggefahren. Papa schimpft.
Conni reicht ihm ein Kissen. Er guckt erstaunt.
„Kissen hauen beruhigt", sagt Conni. „Dann musst du nicht mehr wütend sein."

Da muss Papa lachen. Er gibt dem Kissen einen Knuff und nimmt Conni in den Arm. Gemeinsam sehen sie ihr Zimmer an und bewundern Connis neue Ordnung. Und am Wochenende gehen alle zusammen dann endlich in den Tierpark.

Jeder ist mal wütend.
Aber wie geht die Wut wieder weg?

Connis Mama atmet ganz tief durch und zählt langsam bis zehn.
Manchmal geht Mama auch joggen.
Connis Papa arbeitet im Garten oder fährt Rad.
Jakob schreit und strampelt.
Kater Mau faucht.
Conni hüpft oder schaukelt oder sie boxt in ihr Kissen.
Julia stampft mit den Füßen auf oder zerreißt alte Zeitungen in kleine Schnipsel.
Oma schrubbt das Bad gründlich sauber.

Was machst du, wenn du deine Wut loswerden willst?

Conni hat Kummer

Conni und Papa frühstücken heute alleine, weil Mama schon ganz früh losmusste. Conni hilft, den Tisch abzuräumen. Vorsichtig trägt sie die Tassen zur Spüle. Dumm nur, dass Kater Mau gerade eine dicke brummende Fliege verfolgt und genau vor Connis Füße rennt. **Conni stolpert.** Schepper, klirr! Papas Lieblingstasse zerschellt auf dem Boden.
Conni ist ganz erschrocken. Schnell will sie die Scherben aufsammeln, aber Papa schickt sie weg.
„Zieh dir lieber im Flur die Schuhe an“, sagt er.

Dort sitzt Conni nun. **Dicke Tränen kullern über ihr Gesicht.** Bestimmt ist Papa jetzt ganz sauer auf sie. Sicher hat er sie deshalb weggeschickt! Conni weint immer lauter.
Papa räumt die Scherben weg und wischt den Kaffeerest vom Fußboden. Dann hört er Conni im Flur weinen und nimmt sie erst einmal in den Arm.

„T…t…tut mir leid“, schluchzt Conni. „Ich wollte das nicht!“
„Weiß ich doch“, sagt Papa und streichelt ihr über den Kopf. Er ist überhaupt nicht sauer. Er hat Conni nur aus der Küche geschickt, damit sie sich nicht an den Scherben verletzt. „Die Tasse war sowieso schon etwas angeschlagen“, tröstet Papa und reicht Conni ein Taschentuch. Conni schnaubt hinein, schnieft noch ein paarmal und lächelt Papa an. Papa lächelt zurück und hilft ihr, die Schuhe anzuziehen. Dann gehen sie los zum Kindergarten.

2

Am Nachmittag holt Mama Conni vom Kindergarten ab. Conni erzählt von ihrem Tag und von heute Morgen. Doch dann wird sie stiller. Und plötzlich fängt sie an, laut zu schreien. Mama schaut erstaunt von ihrem Handy auf. „Was ist denn los, Conni?"
Sie will den Arm um Conni legen, aber Conni schubst ihn weg: **„Du hast dein Handy viel lieber als mich.** Immerzu tippst und wischst du darauf herum. Du hörst mir überhaupt nicht zu."
Mama hat in letzter Zeit sehr oft ihr Handy in der Hand. Vielleicht hat das mit ihrer neuen Arbeit zu tun. Conni weiß das nicht so genau. Und sie will es auch gar nicht wissen. Sie will nur, dass Mama für sie da ist.

Mama ist ganz erschrocken. Sie hat gedacht, dass sie beides kann: Conni zuhören und Nachrichten tippen! Sie hockt sich vor Conni hin. „Also, deine Tasse ist kaputtgegangen?“, fragt sie. „Nein“, brüllt Conni, „Papas Tasse! Das hab ich doch gerade erzählt!“
„Es tut mir so leid“, entschuldigt sich Mama. „Ich habe dir wirklich nicht richtig zugehört. Das am Handy war gerade wichtig, weißt du. Aber du bist für mich doch das Allerwichtigste und Liebste auf der ganzen Welt.“

Sie nimmt Conni ganz fest in den Arm. **Und langsam wird Conni ruhiger.** Als Mama verspricht, das Handy für heute wegzupacken, kann Conni schon wieder lächeln. Mama tippt nur noch schnell: *Bin erst heute Abend wieder erreichbar.* Dann stopft sie es ganz tief in ihre Tasche.

Jetzt gehen die beiden erst mal in den Park und sehen den Enten und Schwänen zu – und einem Eichhörnchen, das einen Baumstamm hochflitzt. Sie spielen zusammen auf dem Spielplatz und machen ein kleines Picknick auf der Liegewiese mit den Sachen aus Mamas Einkaufstasche.

Dabei erzählt Conni noch einmal von ihrem Missgeschick. Sie beschließen, Papa zum Geburtstag eine neue Tasse zu schenken. Eine, die viel hübscher ist als die alte.

Zum Schluss kaufen sie noch ein Eis.
Conni ist glücklich.

Bis ihre leckere Eiskugel von der Waffel in den Dreck plumpst. Oh nein! Das schöne Eis! **Ganz bekümmert blickt Conni auf die Eismatsche am Boden.** Mama bietet Conni ihr Eis an. Aber das ist ja Zitrone und nicht Schokolade!

Da schlägt Mama vor, einfach noch ein Eis zu kaufen, diesmal lieber im Becher. Conni strahlt: Sie darf sich sogar zwei Kugeln aussuchen! Fröhlich und zufrieden geht sie mit Mama nach Hause.
Mama fand es auch richtig schön, mal wieder einen Nachmittag ganz ungestört mit Conni zu verbringen.

Zu Hause wartet Kater Mau schon auf sie. Er streicht ihnen um die Beine und es sieht fast so aus, als hätte er ein schlechtes Gewissen. Hat Mau etwas angestellt? Conni geht in ihr Zimmer und da sieht sie es: **Teddys Fell ist an einer Stelle aufgerissen!** Watte quillt heraus. Oje, armer Teddy! Conni schießen sofort Tränen in die Augen. Teddy gehört zu Conni, seit sie denken kann. Jeden Abend kommt er mit ins Bett. Er begleitet sie bei allen Ausflügen. Ein Leben ohne Teddy kann Conni sich nicht vorstellen.

CONNI

Traurig drückt sie ihn an sich und läuft zu Mama. „Das kann ich heile machen“, tröstet Mama. Sie ist zwar eigentlich Kinderärztin, aber Teddys operieren kann Mama auch. Conni darf OP-Schwester sein. Zusammen legen sie eine Decke auf den Tisch. Conni knipst die helle Lampe an und holt ihren Arztkoffer. Mama nimmt die Nähnadeln und eine Schere aus ihrem Nähkästchen. Gemeinsam suchen sie das Garn, das am besten zu Teddys Fell passt. Dann gibt Conni Teddy eine Spritze, damit er von der Operation nichts merkt.

Mama näht Teddys Fell so gut zusammen, dass fast nichts zu sehen ist. Sie ist eine gute Ärztin. **Glücklich schließt Conni Teddy in die Arme** und trägt ihn den ganzen Abend mit sich herum.

Am nächsten Tag will Conni Teddy lieber nicht bei Mau zu Hause lassen. Sie hält ihn fest im Arm, als sie plötzlich auf dem Weg im Vorgarten ein kleines Vogelbaby sieht. Es ist noch ganz nackt und hat gar keine Federn. „Sicher ist es aus dem Nest gefallen“, meint Mama. Conni stupst es vorsichtig mit einem Stock an, denn Mama will nicht, dass sie es anfasst. **Das kleine Vögelchen bewegt sich nicht.** Es lebt nicht mehr.

Da kann auch Mama nicht mehr helfen.
Conni ist sehr betrübt. Der arme kleine Vogel.
Er wird nie in den blauen Himmel fliegen!
Aber vielleicht kommt er in den Himmel, wenn
sie ihn beerdigen?

Conni holt schnell ihre Kinderschaufel. Zusammen mit Mama buddelt sie ein kleines Loch neben einem Busch. Mit der Schaufel bettet Conni den Vogel in ein Taschentuch und gibt noch ein paar Rosinen aus ihrer Brotdose dazu, damit der Vogel etwas zu essen hat. Sie legt das Taschentuch in die Grube, schippt Erde darauf und verziert das kleine Grab mit einem Stein und einer Blume. „Tschüss, kleiner Vogel“, flüstert sie und ist immer noch ein bisschen bekümmert.

Auf dem Weg zum Kindergarten singt sie alle Vogellieder, die sie kennt.
Sie stellt sich vor, wie der kleine Vogel als Vogel-Engel im Himmel herumfliegt.
Bald ist Conni wieder froh.

Im Kindergarten will sie Julia alles über den Vogel erzählen. Aber Julia ist heute gar nicht da. Schade! Doch Jonas, der Praktikant, interessiert sich auch dafür.

Später spielt Conni mit den anderen Fußball. Conni steht heute im Tor. Sie springt hoch und stoppt sogar den Ball von Emir ab. **Doch vom Schwung fällt Conni hin und schlägt sich den Ellbogen auf.** Es blutet und tut sehr weh. Da hilft es auch nichts, dass Lars meint, dass sie den Ball supergut gehalten hat.

Conni will tapfer sein, aber als Hanne sie tröstet, fließen die Tränen doch. Hanne klebt ein Fußballpflaster auf Connis Arm und pustet die Schmerzen weg. Bald kann Conni weiterspielen. Jetzt aber als Stürmerin.

Dann stellt sich die Igelgruppe zum Schlusskreis auf. Alle Kinder der Gruppe werden nach und nach abgeholt. Nur Conni nicht. Mit einem dicken Kloß im Hals wartet sie sehnsüchtig auf Mama oder Papa und wird immer trauriger. Jonas und Hanne müssen nun auch nach Hause. Vorher will Hanne aber noch versuchen, Connis Eltern zu erreichen.

Evelin und Ben nehmen Conni mit in die Bärengruppe. Dort gibt es gerade Mittagessen, aber Conni hat keinen Hunger. Haben ihre Eltern sie vergessen? **Voller Kummer drückt Conni ihren Teddy an sich.** Gut, dass er heute für sie da ist. Teddy flüstert ihr etwas ins Ohr. Und mit einem Mal erinnert sich Conni: Sie wollte ja heute mit Julia und deren Mama mitgehen. Doch Julia war nicht da. Was nun? Ob sie allein nach Hause gehen soll? Conni kennt den Weg.

Aber Evelin glaubt, dass das keine gute Idee ist. Sie ruft lieber noch mal bei Conni zu Hause an. Dort meldet sich jedoch niemand. Und ans Handy gehen Mama und Papa auch nicht. **Conni wird immer mulmiger zumute.** Tröstend nimmt Evelin Conni in den Arm und wählt erneut Papas Nummer.

Endlich hebt Papa ab und kurze Zeit später ist er schon da. Erleichtert springt Conni ihm in die Arme.

Gerade als sie gehen wollen, kommt auch Mama zur Tür hereingestürmt. „Es tut mir so leid“, sagt sie und umarmt Conni erst mal. „Du hast dich bestimmt ganz traurig und verlassen gefühlt! Hanne hat mir ja gesagt, dass Julia krank ist. Ich bin auch rechtzeitig losgefahren. Doch dann war da der Stau und der Akku vom Handy war auch leer ...“ Conni ist das jetzt aber alles egal. Hauptsache, ihre Eltern sind da.

Papa streicht über Connis Haar. „Wie wär's jetzt mit einem Ausflug zum See, wo wir schon mal alle freihaben?" Conni jubelt und hüpft an der Hand von Mama und Papa aus dem Kindergarten.

Doch als sie auf dem Parkplatz ankommen, merkt Conni: **Teddy ist nicht da.** Sie hat ihn im Kindergarten vergessen! Da sitzt er nun genauso alleine und verlassen wie Conni vorhin. Bei dem Gedanken werden Connis Augen feucht.

Aber dann drehen sie einfach schnell um und holen Teddy.

Zu Hause packen sie die Badesachen, Handtücher und etwas zu trinken ein und schon geht es an den See. Conni kann mit ihren Eltern im Wasser planschen, Pommes essen, auf der Wiese Ball spielen und am Strand eine Kleckerburg bauen.

Ein richtig schöner Tag, bei dem Conni allen Kummer der letzten Zeit vergisst.

Am Abend schläft sie glücklich und zufrieden mit Teddy im Arm ein.
Und Mau kuschelt sich am Fußende dazu.

Jeder hat mal Kummer oder ist traurig. Und manchmal ist so eine sanfte kleine Traurigkeit sogar schön, zum Beispiel nach einem traurigen Lied oder einer traurigen Geschichte.

Aber was hilft uns, wieder fröhlich zu werden?

- Wenn Conni Kummer hat, möchte sie umarmt und getröstet werden. Auch, mit Teddy oder Kater Mau zu kuscheln, hilft.
- Papa wird wieder fröhlich, wenn er mit Conni herumtobt.
- Mama bespricht sich gerne mit einer Freundin oder geht joggen.
- Oma kocht sich einen Pudding.
- Opa hilft ein Spaziergang in der Natur. Bäume, zwitschernde Vögel, flinke Eichhörnchen machen ihn glücklich.
- Wenn Julia traurig ist, kuschelt sie gerne mit ihrer Mama oder lässt sich von ihr etwas vorsingen.
- Ihr Bruder Leon hört lieber ganz laute Musik und tanzt wild dazu, um seine Traurigkeit zu vertreiben.
- Katja und Lars lassen sich durch das Vorlesen von Geschichten trösten.
- Babys beruhigen sich, wenn Papa oder Mama sie herumtragen und sanft mit ihnen sprechen oder leise singen.
- Und Mau? Der schläft einfach eine Runde – gemütlich eingekuschelt an einem warmen Ort.

Was brauchst du, wenn du traurig bist? Was macht dich wieder froh?

Wenn jemand über einen sehr langen Zeitraum traurig ist und sich gar nicht mehr freuen kann, sollte Hilfe bei einer Ärzt*in oder Therapeut*in gesucht werden.

Conni traut
sich was

Conni ist heute zusammen mit Papa bei ihren Großeltern und alle sind sehr beschäftigt. Oma und Opa haben nämlich ihren Campingwagen aus dem Winterschlaf geholt und putzen ihn gründlich. Papa hilft Opa draußen. Conni klettert zu Oma in den Wagen. Der ist wie ein kleines Minihaus, findet Conni. Es gibt zwei Herdplatten, eine winzige Spüle, einen kleinen Ofen, Schränke, Bänke und einen Tisch. Nur ein Bett kann Conni nirgends entdecken.
„Wo schlaft ihr denn?“, fragt sie.
Oma zeigt ihr, wie aus den Bänken ganz schnell Betten gemacht werden können. Das ist ja toll! Mit so einem Campingwagen möchte Conni auch mal verreisen!

„Du kannst ja bei der nächsten Fahrt mitkommen, wenn du dich traust!“, meint Oma. Natürlich will Conni mit. **Klar traut sie sich das.** Sie klettert sofort raus zu Papa. „Darf ich mit Oma und Opa verreisen? Bitte, bitte, bitte!“ Papa guckt zweifelnd zu Opa. Ob ihm das recht ist?
Doch Opa sagt: „Warum nicht? Vielleicht kommt Michael ja auch mit.“
Michael ist Connis Cousin. Er ist fast genauso alt wie sie. Mit ihm zusammen wird die Reise bestimmt noch toller. Conni tritt aufgeregt von einem Bein aufs andere. Endlich stimmt Papa zu, wenn Mama nichts dagegen hat.
Zu Hause stürmt Conni gleich zu ihr. Als Mama auch Ja sagt, hopst Conni vor Freude auf und ab.

Begeistert packt Conni am Abend vor der Abreise zusammen mit Papa ihre Sachen. Papa war mal Pfadfinder und weiß genau, was sie beim Camping braucht: Badesachen, Gummistiefel und Regenzeug, Kleidung zum Wechseln, kleine Spiele und natürlich eine Taschenlampe. Conni legt noch ein Kissen und ihr Buch dazu. Mama erinnert an das Zahnputzzeug. Doch als Conni später im Bett liegt, bekommt sie so ein ängstliches Kribbeln im Bauch. Soll sie wirklich ohne Mama und Papa verreisen? Auch Kater Mau wird sie bestimmt vermissen.

Conni war schon mal bei Oma und Opa über Nacht. Sie hat auch schon eine Nacht im Kindergarten geschlafen und sogar bei ihrer Freundin Julia. Aber da kennt sie sich ja auch aus. Im Camper ist alles ganz anders und sie ist viel weiter weg von zu Hause.

Mama sagt, dass Conni vor den anderen Übernachtungen auch meist ein mulmiges Gefühl hatte. Dann war es aber doch immer lustig und schön. **„Manchmal musst du deine Angst überwinden, um etwas Schönes zu erleben"**, meint Mama. Sie verspricht, dass Conni jederzeit mit Omas oder Opas Handy anrufen kann.

Auch Papa beruhigt Conni: „Du hast doch Teddy dabei. Und Michael. Und wenn du es gar nicht aushalten kannst, hole ich dich ab.“ Danach liest er Conni die Geschichte von dem Bärenmädchen vor, das in die Welt zieht und viele Abenteuer erlebt. Conni drückt Teddy an sich und ist bald eingeschlafen.

Am nächsten Morgen sind Connis Ängste wie weggeblasen. Aufgeregt hüpft sie vor der Haustür herum und kann es gar nicht abwarten, dass Oma und Opa sie abholen. Endlich! Da kommt Opas Auto mit dem Campingwagen! Glücklich begrüßt Conni Oma, Opa und Michael. Mama gibt Opa Connis Kindersitz. Conni drückt ihre Eltern ganz doll. Sie gibt ihrem kleinen Bruder Jakob noch einen Kuss und streichelt Mau zum Abschied übers Fell.

Schon geht es los! Im Auto hat Conni ganz viel mit Michi zu bequatschen. Später singen die beiden mit Oma alle Lieder, die sie kennen.

Nach einer kleinen Pipi-Pause am Rastplatz und einem Mittagspicknick fährt Oma. Opa ruht sich aus und die Kinder hören Geschichten. Endlich kommen sie auf dem Campingplatz an. Am Eingang muss Opa nur etwas auf seinem Handy vorzeigen, schon können sie zu ihrem Stellplatz fahren. Er ist ganz in der Nähe vom Spielplatz und dem Waschhaus mit den Duschen und den Toiletten.

Während Opa und Oma den Camper gerade und sicher aufstellen und das kleine Vorzelt aufbauen, dürfen Conni und Michael sich schon auf dem Spielplatz austoben. Das tut gut nach der langen Fahrt. Sie entern gleich das Kletternetz. Wer traut sich, am weitesten nach oben zu klettern? **Conni ist mutig und wagt sich ziemlich hoch.** Michael auch.
Ein Kind mit strubbeligen schwarzen Haaren klettert sogar bis zur Spitze!
Es ist ganz schön wagemutig und zögert auch bei der hohen Wendelrutsche keinen einzigen Moment.

„Ich bin Ilo“, sagt das Kind.
„Eigentlich Ilona, aber den Namen mag ich nicht. Kommt!“ Und schon zieht Ilo die beiden zur Seilbahn, schnappt sich das Seil und setzt sich auf den kleinen Tellersitz. Dann brettert Ilo – hui – mit so viel Schwung zur anderen Seite, dass das Seil dort anschlägt und den ganzen Weg wieder zurücksaust.
„Jetzt du“, sagt Ilo und reicht Michael das Seil. „Na los, trau dich!“
Doch Michi will lieber erst mal Conni fahren lassen. Conni greift mutig nach dem Seil, springt auf den Sitz und schon fegt sie los. Es ist fast wie fliegen. Conni will gleich noch mal und noch mal. Doch zuerst ist jetzt Michael dran. Immer abwechselnd benutzen die Kinder nun die Seilbahn und haben viel Spaß.

Opa holt Conni und Michael vom Spielplatz ab. Camper und Zelt sind aufgestellt und sogar das Abendbrot ist fertig.
Sie essen auf Campingstühlen an einem Tisch im Vorzelt, denn drinnen hat Oma schon die Betten vorbereitet. Nach dem Essen und einem kleinen Spaziergang am Seeufer ist es **Zeit zum Schlafengehen**.

Zum Duschen und Zähneputzen gehen sie ins Waschhaus. Das ist bequemer als zu viert im Wohnwagen.
Danach legen sich alle gleich hin. Oma und Opa sind von der langen Fahrt und allem schon ziemlich müde. Sie schlafen auf der einen Seite des Campers und Conni und Michael auf der anderen. Die Kinder können sogar einen Vorhang zuziehen und haben so eine kleine Kabine für sich allein.

Oma und Opa sind bald eingeschlummert. Conni nicht. Es ist alles so ungewohnt. Regen prasselt aufs Wohnwagendach. Ein Käuzchen schreit. Der Wind rauscht in den Bäumen. Leute gehen vorbei. Jemand lacht. Jetzt läuft auch noch irgendetwas übers Dach. Eine Katze? Ein wildes Tier?
Conni guckt aus dem kleinen Fenster neben dem Bett. Aber im Mondlicht sieht sie nur, wie sich draußen eine dicke Spinne abseilt. Conni gruselt sich. Sie wäre jetzt lieber bei Mama und Papa zu Hause! Plötzlich hört sie Michi leise weinen. Er kann auch nicht schlafen. Er vermisst nämlich sein Kuscheläffchen. Vorhin im Waschhaus hatte er es noch. Bestimmt hat er es dort auf der Bank vergessen. Jetzt sitzt es da ganz einsam und allein. **Conni kann gut verstehen, wie Michi sich fühlt.** Sie kann auch nicht ohne ihren Teddy schlafen und vermisst ihn furchtbar, wenn sie ihn irgendwo vergessen hat. Wenn Teddy so allein dasitzen müsste, würde sie ihn sofort holen wollen.

Michael möchte sein Äffchen auch gern holen, aber er traut sich nicht allein im Dunkeln nach draußen. Oma und Opa schlafen. Die Kinder hören Omas tiefe Atemzüge und Opas leises Schnarchen und wollen sie nicht wecken. Aber Conni will Michael unbedingt helfen, obwohl sie auch Angst hat, im Dunkeln rauszugehen. „Wir gehen zusammen", flüstert Conni und tastet mutig nach der Taschenlampe auf dem Regal überm Bett.

Polternd fällt die Taschenlampe auf den Boden.
Michi, Oma und Opa schrecken hoch. „Was ist los?", ruft Opa erschrocken.
„Tut ... tut mir leid!", stottert Conni. Sie wollte die beiden doch nicht wecken.
Aber Oma und Opa finden das gar nicht schlimm. Opa kennt es gut, dass man nachts rausmuss. „Willst du aufs Klo?", fragt er.
„Nein", sagt Conni und erzählt von Michaels Äffchen.
Opa nimmt seine Taschenlampe und begleitet Conni und Michael zum Waschhaus. Der Regen hat inzwischen aufgehört. **Mit Opa und Michi hat Conni fast gar keine Angst im Dunkeln.** Michael hofft nur, dass sein Äffchen noch da ist. Und tatsächlich: Im hellen Waschhaus sitzt es still und traurig auf der Bank. Michael drückt es gleich an sich. Conni geht doch noch schnell aufs Klo. Opa auch.

Als sie zurückgehen, leuchtet hell der Mond. Ist darin ein Gesicht zu sehen? „Ein Mann im Mond", meint Michi. Eher eine Frau, findet Conni. Zwischen den Wolken blinken die Sterne. Opa zeigt den Kindern den Abendstern und das Sternbild vom Großen Wagen. Es sieht wirklich aus wie ein großer Bollerwagen, wenn man die Sterne mit Linien verbindet. Plötzlich schnauft und raschelt es laut im Gebüsch. Jetzt drückt sich Conni doch ängstlich an Opa. Aber es ist nur ein Igel, der nach Futter sucht. Conni wusste gar nicht, dass Igel so laut sein können! Kurz vor dem Wohnwagen fliegt eine Eule lautlos über sie hinweg. Es ist aufregend, nachts draußen zu sein, und richtig schön abenteuerlich. Conni ist froh, dass sie Michael geholfen haben. Aber auch, dass sie sich jetzt wieder ins Bett kuscheln kann. Nun schläft sie schnell ein und träumt von Sternen, die mit dem Äffchen und der Frau im Mond tanzen.

Beim Frühstück am nächsten Morgen zeigt Oma den Kindern, wie man aus einer halben Brötchentüte Papierflieger basteln kann. Die wollen die Kinder gleich fliegen lassen! Aber plötzlich kommt ein Hund auf Conni zugelaufen. Conni hat Angst. Er kläfft laut. Und dann schnappt er sich auch noch Connis Papierflieger und zerfetzt ihn. Conni rennt weg. Doch der Hund läuft hinter ihr her! Conni schlüpft schnell in den Wohnwagen und springt in Omas Arme. Oma erklärt, dass Hunde gerne Fangen spielen. Wenn Conni stehen bleibt, bleibt der Hund bestimmt auch stehen. Conni weiß nicht, ob sie das glauben soll. „Soll ich mitkommen?“, fragt Oma. Conni schüttelt den Kopf und ruft lieber Papa an. Sie erzählt von dem Hund und sagt, dass sie nach Hause will und Papa und Mama ganz doll vermisst.

Bald langweilt sich Conni im Wohnwagen. Sie beobachtet, wie Ilo und Michael den Hund streicheln. Ob Conni sich doch raustrauen soll? Sie kann ja nicht tagelang nur im Wohnwagen sitzen! Vorsichtig streckt sie zuerst den Kopf hinaus und geht dann auf die drei zu. Der Hund läuft gleich zu ihr.

Zuerst will Conni am liebsten wegrennen. **Aber dann nimmt sie all ihren Mut zusammen und bleibt stehen.** Ihr Herz klopft bis zum Hals und sie kann kaum atmen. Doch wirklich: Der Hund bleibt auch stehen und guckt Conni schwanzwedelnd an.

Weil nichts weiter passiert, dreht er sich um und läuft zu Ilo und Michael, um wieder mit den beiden zu spielen. Puh! Es hat geklappt. Conni ist erleichtert. Und sooo stolz, dass sie es geschafft hat, ihre Angst zu überwinden.

Bald traut sie sich auch, den Hund zu streicheln und mit ihm zu spielen. Conni erfährt, dass es Ilos Hund ist. Er heißt Balu und Ilos Eltern haben ihn voriges Jahr aus dem Tierheim geholt. Wenn Conni sich vor ihn hinhockt, reicht Balu ihr sogar die Pfote.

Opa kommt vom See zurück. Er hat vier Fische geangelt und brät sie auf dem Grill. Conni findet das nicht schön. Die Fische haben sogar noch einen Kopf.
Das macht Conni Angst und sie möchte nicht davon essen.
Opa kann das verstehen. Er erklärt, dass die Fischstäbchen, die Conni gerne mag, auch mal Fische mit Kopf und Flossen waren. Das war Conni gar nicht bewusst. Oma schneidet ein kleines Stück ohne Gräten und Haut heraus und legt es auf

Connis Teller. Conni pickt darin herum, isst aber lieber doch nur die gebackenen Kartoffeln. Den restlichen Fisch teilen sich Michi, Oma und Opa. Die Fischköpfe will aber keiner von ihnen essen.
Kater Mau würde sich vielleicht darüber freuen, denkt Conni. Der mag gerne Fisch. Einen kurzen Moment vermisst Conni ihren Kater sehr. Gleich nach dem Essen ruft sie deshalb Mama an, um nach Kater Mau zu fragen.

Danach wollen Oma und Opa, Conni und Michael zum Spaßbad. Im See ist es nämlich zum Baden noch zu kalt. Sie fahren mit dem Bus. Leider ist er schon ziemlich voll, als sie einsteigen. Opa und Oma finden ganz hinten zwei Einzelplätze. Michael möchte sich mit Conni vorne nach freien Plätzen umgucken.

Conni traut sich aber nicht von Oma und Opa weg.

„Na, erst mal müssen wir sowieso noch unsere Fahrkarten abstempeln", meint Oma und geht mit Conni und Michi zum Stempelautomaten. Die Kinder dürfen nacheinander alle vier Kärtchen hineinstecken. Es macht jedes Mal Ping – und schon ist ein Stempel auf dem Ticket. Das ist lustig. Schade, dass sie nicht mehr Karten haben.

Da reicht eine alte Dame mit Rollator Conni ihre Karte und fragt, ob Conni die für sie abstempeln kann. Das macht Conni gerne. Sie steckt die Karte in den Automaten und gibt sie dann zurück.

Neben dieser Frau wird gerade ein Platz frei. Conni hat jetzt keine Angst mehr, sich dorthin zu setzen. Michael geht zurück zu Opa. Oma findet einen Platz ein Stückchen weiter vorn und winkt Conni zu. Die hält stolz ihre Karte in der Hand. Es fühlt sich so erwachsen an, allein im Bus zu sitzen! Sie erzählt der Frau, dass sie ins Spaßbad fahren. Die erklärt, dass die Haltestellen immer angesagt werden und man einen roten Knopf drücken muss, wenn man aussteigen will. Conni horcht genau auf die Ansagen. Pappelallee, Krummer Bogen, Schillerstraße und endlich: Spaßbad. Schnell springt sie auf und drückt den Knopf. Sie winkt Oma aufgeregt zu und läuft dann zu Opa und Michael. „Wir müssen aussteigen, schnell!“ Ohne sie hätten Michi, Opa und Oma die Haltestelle bestimmt verpasst.

Im Schwimmbad ziehen sich alle in den Umkleidekabinen ihre Badesachen an. Danach laufen sie in die Schwimmhalle. Ist das groß und schön hier! Es gibt nicht nur zwei Becken wie in dem Hallenbad in Neustadt, sondern ganz viele Wasserflächen und dazwischen Liegestühle und Palmen. Conni entdeckt sogar ein Wellenbad und eine Wildwasserbahn. Die ist aber nur für Leute, die richtig gut schwimmen können. Conni hat zwar schon ihr Seepferdchen-Abzeichen, doch das reicht dafür nicht.

Aber sie und Michael dürfen auf die Wasserrutsche. Ui, ist die hoch! Die beiden müssen etliche Stufen hinaufsteigen. **Dann steht Conni ganz oben und zögert.** Im Schwimmbad zu Hause hat sie sich zuerst auch nur mit Papas Hilfe getraut, ins Wasser zu rutschen. Inzwischen weiß Conni, wie viel Spaß das macht. Und sie ist schon oft allein gerutscht. Nur ist die Wasserrutsche hier ja viel, viel höher als die in Neustadt und es geht auch noch durch eine Röhre.
„Nun mach schon“, drängelt Michael ungeduldig. Conni lässt ihn erst mal vor.

Dann setzt sie sich hin, schließt die Augen und stößt sich ab.
Hui, schon saust sie los und kreischt und lacht. Es macht riesigen Spaß, durch die Röhre zu flitzen, besonders, weil es da auch noch Licht und Musik gibt. Und schon plumpst Conni ins Wasser, dass es nur so spritzt.
„Noch mal“, ruft Conni Michael zu, der am Beckenrand auf sie gewartet hat. Begeistert klettern die beiden wieder die Stufen hoch.

Am nächsten Tag machen Opa und Oma mit den Kindern eine Wanderung in einem nahen Berg- und Waldgebiet. Das ist richtig schön. Conni liebt es, durch die Blätter des Vorjahres zu rascheln, auf Felsen und Baumstämmen herumzuklettern und Tiere und ihre Spuren zu entdecken. Michael findet eine Spinne mit 8 langen dünnen Beinen. Ob die auch mit 7 laufen kann? Er will eins davon ausreißen. „Nein!", ruft Conni. „Lass das!"

„Ist doch nur eine Spinne", meint Michael und schnipst sie auf Connis Hand. „Die will auch nicht gequält werden", erklärt Conni. **Aber etwas unheimlich ist ihr die langbeinige Spinne auf ihrer Hand schon.** Conni setzt sie schnell am Wegrand ab und freut sich, dass sie ein Tier gerettet hat.

Mittags machen sie ein kleines Picknick. Oma hat dafür Brote geschmiert und Salat zubereitet. Opa hat Eier gekocht. Leider wollen auch ein paar Ameisen etwas vom Picknick abhaben. Dann kommt auch noch eine Wespe und umschwirrt Conni. Die isst gerade ein Brot mit Marmelade und fuchtelt wild mit ihren Armen herum.
„Nicht nach der Wespe schlagen!“, ruft Oma und rät, lieber still zu sitzen, damit sich die Wespe nicht bedroht fühlt und Conni in Ruhe lässt.
„Und puste die Wespe nicht an“, sagt Opa. „Das macht sie nämlich erst recht wild.“
Conni hat Angst, von der Wespe gestochen zu werden, deshalb ist es schwer für sie, ruhig sitzen zu bleiben. Sie schafft das nur ganz kurz. Dann legt sie lieber das Marmeladenbrot weg und ist – schwups – auch die Wespe los.

Der Rückweg führt über eine große wackelige Hängebrücke. Oma traut sich nicht, da hinüberzugehen. Vielleicht gibt es noch einen anderen Weg? Opa guckt auf die Wanderkarte in seinem Handy. Wenn sie einen anderen Weg nehmen, müssen sie ein großes Stück zurückgehen. Das will keiner.
„Du schaffst das, Oma", sagt Conni, die solche Wackelbrücken vom Spielplatz kennt. Auch wenn die da kleiner sind. „Das ist gar nicht schlimm. Du musst dich nur gut festhalten und nicht nach unten gucken."

Zuerst gehen Opa und Michael hinüber. Dann traut sich auch Oma. Conni macht Oma immer wieder Mut, nur nach vorn zu schauen und einfach weiterzugehen. Schließlich ist es geschafft. Oma freut sich. Conni auch. Glücklich wandern sie jetzt zum Campingplatz.
Eigentlich möchte Conni gerne zu Hause anrufen und von den schönen Erlebnissen erzählen. Aber Oma kann ihr Handy nicht finden und bei Opas Smartphone ist der Akku leer. Und bis der wieder aufgeladen ist, schläft Conni schon.

Heute spielen Conni und Michael wieder mit Ilo und Balu. Ilo klettert auf einen Baum und setzt sich auf einen dicken Ast. „Von hier kann man ganz weit schauen. Kommt doch hoch oder traut ihr euch nicht?“, ruft Ilo laut.
Klettern können Conni und Michael supergut. Sie sind ruckzuck oben. Nur Balu bleibt unten. Hunde sind nicht solche Kletterkünstler wie Katzen und Kinder.

Von hier oben ist die Aussicht wirklich toll.
„Und jetzt springen wir alle runter!“, befiehlt Ilo.
Conni sieht nach unten. Hier runterzuspringen, traut sie sich nicht. Sie ist schon beim Turnen vom großen Kasten gesprungen, doch da lag unten eine dicke Matte. Im Schwimmbad ist sie sogar vom Einmeterbrett gesprungen, aber natürlich ins Wasser.

Hier gibt es nur harte Erde und der Ast ist so weit oben. Das kann nicht gut gehen. Wieso sollte Conni springen?
Sie sagt: „Nein, das mache ich nicht!“ Michael zögert auch.
„Seid ihr etwa Feiglinge?“, stichelt Ilo.
Aber Conni hat in den letzten Tagen so viel Mutiges gemacht. Sie weiß, dass sie nicht feige ist. Es ist richtig, hier nicht zu springen. Also klettert Conni lieber vorsichtig nach unten. Michael wartet noch ab.
„Ihr seid Angsthasen! Ich bin mutig“, ruft Ilo und springt. Leider kommt Ilo unten recht unglücklich auf und stolpert auch noch über Balu. Jetzt ist das linke Knie aufgeschürft und der Fuß tut weh. Conni will Ilo hochhelfen, doch Connis Hand wird weggeschubst und Ilo humpelt wortlos davon. Conni ist froh, dass sie nicht gesprungen ist. Als sie Opa davon erzählt, meint er, dass Angst ab und zu auch gut ist, weil sie einen vor Gefahren warnt. **Manchmal ist es mutiger, Nein zu sagen, als irgendeine dumme Mutprobe mitzumachen.**

Kurz danach kommt Besuch zum Camper: Papa. Erst rennt Conni freudestrahlend auf ihn zu. Dann fällt ihr ein, dass er sie vielleicht abholen will.

Und Conni möchte doch noch gar nicht nach Hause!

„Aber du hattest doch solche Angst vor dem Hund und hast uns und Kater Mau so vermisst", sagt Papa. „Das hast du doch am Telefon erzählt."

Daran kann Conni sich schon fast gar nicht mehr erinnern. Stolz berichtet sie Papa, dass Balu ihr jetzt sogar das Pfötchen gibt, und erzählt vom Spaßbad und wie sie auf der Wanderung Oma geholfen hat.

„Na ja“, lacht Papa. „Eigentlich wollte ich auch nur ein schönes Wochenende mit euch in der Natur verbringen.“ Und das machen sie jetzt. Doch leider passt Papa nicht mehr in den Wohnwagen. Er muss ganz allein im Vorzelt schlafen. Ob Papa sich das traut? Aber vielleicht tauschen Conni und Michael ja mit ihm.

Alle Menschen haben vor etwas Angst, sogar die allerstärksten.

Angst zu haben, ist erst mal gar nicht schlimm, denn Angst warnt uns vor Gefahren. Weil wir Angst haben, uns zu verbrennen, greifen wir zum Beispiel nicht einfach in ein Feuer.
Doch manchmal müssen wir mutig sein. Um jemandem zu helfen oder weil wir sonst etwas Schönes nicht erleben können: eine Reise, eine Geburtstagsfeier, eine Übernachtung bei einem Freund oder einer Freundin. Ab und zu brauchen wir ein bisschen Unterstützung, um etwas zu wagen. Vielleicht sind wir auch noch nicht so weit und brauchen noch etwas Zeit, um uns etwas Bestimmtes zu trauen. Das ist völlig in Ordnung. Manche Ängste verschwinden nämlich, wenn wir etwas älter werden.
Und ab und zu ist es wirklich mutiger, Nein zu sagen und die unsinnige Mutprobe nicht mitzumachen und etwas nicht zu tun, was wir eigentlich gar nicht wollen. Oft sagt uns schon ein Gefühl tief in uns drinnen, was falsch und was richtig ist.
Es ist also gar nicht so einfach mit der Angst und dem Mut. Und niemand sollte wegen seiner Ängste ausgelacht werden.

Wie ist es bei dir?
Wovor hast du Angst?
Wo warst du schon mal ganz mutig?